RÊVES DE L'ÎLE

JJ Hill   Marissa Rubin   Roberta Price

JMR PRESS

Rêves de l'île: Present Tense Version
© Copyright 2017
JJ Hill, Marissa Rubin & Roberta Price
JMR Press

All rights reserved. No part of this book may be used or reproduced in any manner whatsoever without written permission from the publisher, except in the case of brief quotations in critical articles and reviews.

This book is a work of fiction intended for educational purposes. Names, characters, places and incidents either are products of the authors' imagination or are used fictitiously. Any resemblance to actual events or locales or persons, living or dead, is entirely coincidental.

First Edition
ISBN 13: 978-0-9887638-4-5

JMR Press
773 609 3202
information@jmrpress.com
jmrpress.com

Translation by Judy Weiss
Proofreading by Ann Koller
Cover art by Daria Corbett
Book design by Kat Wertzler
Set in Electra, designed by William Addison Dwiggins in 1935

 *Index*

Carte

PREMIÈRE PARTIE : HAÏTI

CHAPITRE 1 *Maurice Vega* 1

CHAPITRE 2 *Hélène Duval* 7

CHAPITRE 3 *Solange Duval*.....................12

CHAPITRE 4 *Maurice Vega* 16

DEUXIÈME PARTIE : RÉPUBLIQUE DOMINICAINE

CHAPITRE 1 *La famille Gómez*.................. 21

CHAPITRE 2 *L'homme inconnu* 28

CHAPITRE 3 *Le dénicheur de talents et l'occasion* 36

CHAPITRE 4 *Dans le camp d'entraînement* 42

CHAPITRE 5 *La tragédie* 47

CHAPITRE 6 *Le plan secret* 55

CHAPITRE 7 *Le mensonge*......................62

CHAPITRE 8 *La surprise* 67

Informations supplémentaires 73

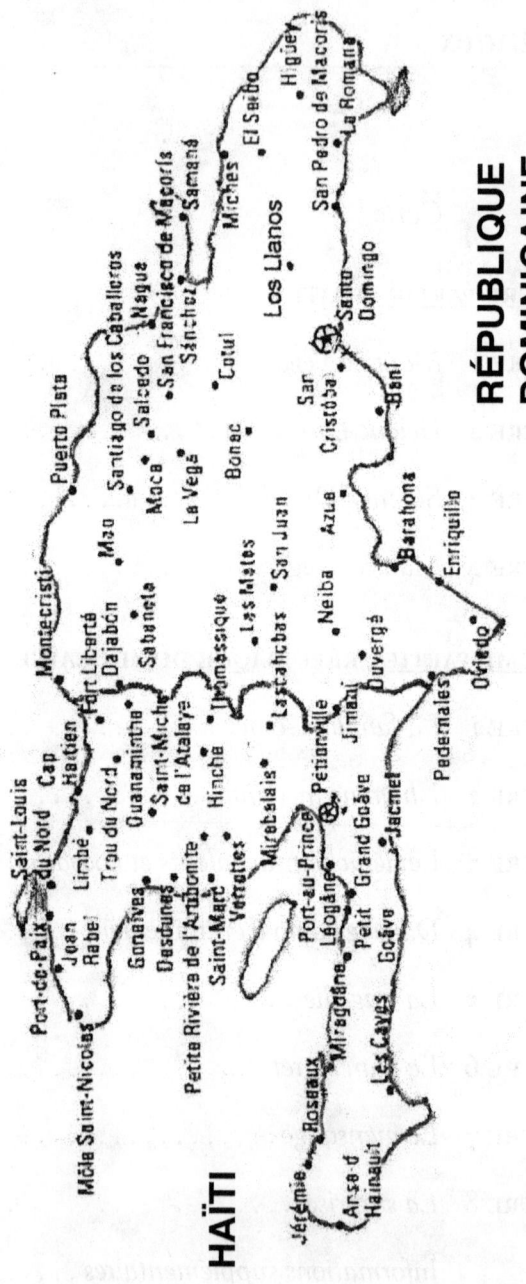

PREMIÈRE PARTIE
Haïti

◈ CHAPITRE 1
Maurice Vega

Petit Goâve, Haïti, janvier, 2010

TOUT COMMENCE dans la rue. Mes amis et moi jouons au foot tous les jours dans la rue. Quand il n'y a pas de classes, nous jouons au foot le matin. Quelquefois, nous jouons l'après-midi. Aussi, nous jouons le soir quand il ne fait pas très chaud. Pour jouer au foot, on n'a pas besoin de beaucoup. Quand nous avons de la chance, nous jouons avec des ballons officiels. Mais, typiquement, nous jouons avec des ballons de chiffons, de cordes, de pierres ou d'autres choses dans la rue. Quelquefois, nous jouons sans chaussures. Quelquefois, nous jouons avec une ou deux chaussures, ça dépend. Pour marquer un but, nous utilisons quatre pierres pour faire des poteaux de but. Voilà comment nous jouons au foot dans la rue.

Pourquoi est-ce que nous jouons au foot tout le temps ? Eh bien, il y a beaucoup de raisons.

En Haïti, le foot est le sport national et les gens sont obsédés. Les gens parlent du foot. Les gens regardent le foot à la télé ou l'écoutent à la radio. Quelquefois, les voisins de mon quartier nous regardent quand nous jouons dans la rue. Ils aiment beaucoup faire ça ! Et nous aussi !

La vérité est que notre pays a une très longue tradition de football. En 1974, l'équipe nationale a participé dans la Coupe du Monde. Les gens se souviennent de ce moment important dans l'histoire du pays. Les gens parlent de ce championnat avec émotion et fierté. Le football est aussi un moyen de ne pas penser à la vie quotidienne en Haïti. Nous souffrons beaucoup parce qu'il y a la pauvreté, les conflits politiques et d'autres difficultés. Le football nous donne de l'espoir et une raison de fêter et d'être heureux.

Comme un Haïtien typique, je suis obsédé par le foot. Pour moi, le foot est une inspiration et une passion. Je pense que ce sport offre la possibilité d'avoir un futur différent. Mon rêve est d'être un footballeur professionnel. Je veux jouer avec l'équipe nationale. Je veux être célèbre. Je veux être comme Manno Sanon. Voilà pourquoi je joue au foot tous les jours avec mes amis dans la rue.

Maintenant un peu plus sur moi. Je m'appelle Maurice et j'ai dix-sept ans. Je suis grand, sportif, et d'après ma grand-mère, très beau. Ha ha ! Je n'ai ni frères ni sœurs. Mais, bien sûr, j'ai beaucoup d'amis ! Mes parents, ma grand-mère et moi, nous habitons dans une petite maison ici à Petit-Goâve. C'est un village près de la capitale d'Haïti, Port-au-Prince. Nous n'avons pas beaucoup, mais nous sommes heureux.

Quand je ne joue pas au foot, j'étudie dans un lycée privé. Mon lycée n'est pas gratuit et j'ai besoin de travailler. Je travaille dans un supermarché près de ma maison. Je travaille beaucoup. Je n'aime pas travailler, mais c'est important parce que je veux aider ma famille. Mon père est de la République dominicaine. Il s'appelle Juan. Il travaille pour une ONG, une organisation non-gouvernementale, qui s'appelle *Projet de Santé Haïtien*. Ma mère s'appelle Solange. Elle est d'Haïti. Elle travaille à la maison. Ma mère fait des vêtements avec la machine à coudre de sa mère, Hélène. Ma grand-mère, Hélène, et moi, nous passons beaucoup de temps ensemble. J'aime passer du temps avec elle. Elle est affectueuse, marrante et quelquefois un peu audacieuse.

Un jour, ma grand-mère m'accompagne au supermarché, et nous parlons pendant que nous marchons. Elle me demande :

— Maurice, est-ce que tu as une copine?

Je lui réponds :

— Grand-mère ! A quoi penses-tu ? Non, je n'ai pas de copine. Les filles ne m'intéressent pas !

Elle me regarde et commence à rire. Alors, elle me dit :

— On ne se sait jamais…on ne sait jamais…

Ce même jour-là, pendant que je suis au

travail au supermarché, une fille entre. Elle est petite et très belle. Je ne sais pas pourquoi, mais je veux parler avec elle. Je la suis dans le supermarché. Je marche derrière elle. Tout à coup, je vois quelque chose de mauvais et je suis surpris. Elle prend une barre de chocolat et la met dans son sac. Elle commence à marcher rapidement à la porte.

Alors, je lui crie :

— Hé ! Qu'est-ce que tu fais là ?

Elle se retourne. La fille me voit et commence à courir. Elle ouvre la porte et court très vite. Je la suis dehors. Nous courons et courons dans la rue. Mais, je cours plus vite qu'elle. Elle est fatiguée. Finalement, nous nous arrêtons. Je suis fâché et je lui dis :

— Donne-moi le chocolat !

Elle me regarde dans les yeux avec insolence. Elle prend le chocolat et ouvre le papier lentement. Tout à coup, elle mange toute la barre ! Je suis surpris et je ne peux pas le croire !

Elle me dit :

— Voilà ton chocolat !

Elle me lance le papier et commence à marcher encore une fois. Je lui crie :

— Écoute ! Attends ! Où est l'argent ?

Elle ne m'écoute pas et s'en va rapidement. J'ai besoin de retourner au travail, donc je ne la suis plus.

Au travail, je pense à la fille. Elle est tellement audacieuse ! Elle est un peu comme ma grand-mère…

◆ CHAPITRE 2
Hélène Duval

Port-au-Prince, Haïti, 1987

AUTRE JOURNÉE difficile à l'usine ! Je travaille dans une usine de balles de base-ball. Les conditions ici dans l'usine sont terribles. Il fait chaud. Il fait très chaud. Il n'y a pas d'air frais et il est difficile de respirer. Aussi, mon patron est très strict et mauvais. Il crie toujours. Il est toujours fâché. Aujourd'hui quand le patron entre, il crie comme toujours.

Le patron me crie :

— Écoute ! Pourquoi est-ce que tu parles ? Qu'est-ce que tu fais ? Au travail !

Je lui réponds :

— Pourquoi est-ce que je ne peux pas parler ?

— Attention, Hélène. J'en ai marre de ton attitude.

Mes amies me regardent nerveusement et sont surprises. Elles pensent que je suis audacieuse quand je parle au patron comme ça. Elles ont peur de lui, mais pas moi. J'ai du courage. Je fais plus de balles qu'elles. Voilà pourquoi le patron a besoin de moi.

Quand le patron va à son bureau, nous commençons à parler. Mon amie Lisette me dit :

— Cet homme est un idiot !

Mon autre amie Monique me dit :

— J'ai très chaud et aussi j'ai mal aux mains et au dos !

Il est vrai qu'il fait très chaud ici dans l'usine. Il est vrai que nous toutes souffrons beaucoup. Nous sommes employées dans une usine qui produit beaucoup de balles pour les ligues majeures aux États-Unis. Nous devons travailler dix heures tous les jours. Nous cousons les balles avec du fil rouge et une aiguille. Nous devons coudre 35 balles chaque jour. Le travail est très dur. Ils nous paient très peu. Ils nous paient seulement trois dollars par jour. Ce n'est pas juste !

Plus tard ce jour-là, Monique et moi parlons

pendant que nous cousons. Elle me dit avec tristesse :

— Hélène, j'ai très mal au dos. J'ai mal aux épaules. J'ai les doigts gonflés et coupés. Je ne sais pas si je peux travailler plus aujourd'hui.

Je lui réponds :

— Je suis désolée, mon amie. Il est difficile, mais nous devons atteindre le quota de production. Si non, ils ne nous paient pas.

— Hélène, tu dois nous aider ! Tu es intelligente. Tu as du courage. Tu n'as pas peur du patron !

— C'est vrai, mais c'est compliqué. Je vais formuler un plan.

Le lendemain, je décide de parler avec le patron. Je sais qu'il y a des conséquences, mais je n'ai pas peur de lui. Aussi, mes amies ont besoin de moi. Je veux les aider. Quand j'entre dans l'usine, j'entre dans le bureau du patron et je lui dis :

— Bonjour, Monsieur.

— Qu'est-ce que tu fais ici, Hélène ? Pourquoi est-ce que tu n'es pas à la table travaillant avec les autres ?

— Monsieur, j'ai besoin de parler avec vous. C'est important. Les autres employées et moi, nous en avons marre de la situation ici.

— Quelle situation ?

— Les conditions ici dans l'usine sont terribles. Vous ne nous donnez pas le temps de manger. Vous ne nous donnez pas d'eau à boire. Et vous ne nous donnez pas assez d'argent pour vivre. Nous travaillons dix heures chaque jour ici où il fait très chaud. Ce n'est pas juste ! Nous souffrons beaucoup !

Ensuite, je donne un coup de poing sur la table avec de la force. Le patron me regarde et me crie :

— Ferme la bouche ! Tu te crois pour qui ?

— Monsieur, je suis travailleuse et je défends mes collègues. Nous avons des droits et

nous voulons des changements maintenant ! Nous ne pouvons pas continuer comme ça !
— Des droits ? Quels droits ? Vous n'avez pas de droits ! Qui te donne ces idées ridicules ?
— Ce sont mes idées, Monsieur ! Et si vous ne répondez pas, nous allons faire la grève !
— La grève ? Je ne te crois pas ! Ce n'est pas possible ! Qui te donne ces idées ridicules ? Un organisateur syndical ? Est-ce que tu es membre d'un syndicat ?
— Je ne sais rien des syndicats, Monsieur. Mais, nous en avons marre de travailler dans ces conditions.
— Tu en as marre de travailler ici ? Eh bien, j'en ai marre de ton attitude et de tes menaces. Va-t'en maintenant et ne reviens plus!
— Mais, Monsieur ! Ce n'est pas juste ! Je veux seulement aider mes amies.
— Ce n'est pas important. Ne parle plus. Va-t'en ! Va-t'en !

◆ CHAPITRE 3
Solange Duval

Un batey près de Sainte Domingue, République dominicaine, 1992

LA VIE ICI n'est pas facile. Quand ma mère Hélène a perdu son travail dans l'usine de balles de base-ball, ma famille avait besoin de chercher un autre moyen de gagner la vie. Maintenant, nous habitons dans un batey près de Sainte Domingue, la capitale. Un batey est un endroit où les travailleurs de canne à sucre habitent avec leurs familles. Beaucoup de familles haïtiennes habitent dans les bateys parce qu'elles ne peuvent pas trouver du travail dans leur pays. Les chefs nous disent que nous avons de la chance d'habiter dans un batey. Aussi, ils nous disent que nous allons avoir une maison, des permis de travail et assez d'argent pour vivre. Mais ce n'est pas vrai ! Dans les bateys il n'y a pas d'eau courante. Il n'y a pas d'électricité. Il n'y a pas de salles de bain propres. Il n'y a pas de bonne nourriture. Il est difficile pour tout le monde, en particulier pour mon père.

Mon père doit travailler dans les champs de canne à sucre. Il doit couper les cannes avec une grande machette. Il travaille douze heures chaque jour sous le soleil brillant et oppressif. C'est un travail très physique et dur. Aussi, mon père gagne très peu d'argent pour son travail très difficile. Ce n'est pas juste !

Un jour, mon père arrive chez nous. Il est très fatigué. Il ne peut pas bien respirer.

Alors, je lui demande :

— Papa, ça va ? Pourquoi est-ce que tu ne peux pas bien respirer ?

Ma mère lui demande aussi :

— Chéri, est-ce que tu vas bien ? Je suis très inquiète pour toi. Tu dois aller à la clinique maintenant !

Mon papa crie :

— Je ne veux pas aller à la clinique ! Ce n'est

pas nécessaire. Je vais bien. Je suis seulement un peu fatigué.

À ce moment-là, mon papa tombe par terre. Je lui crie :

— Papa, on va à la clinique maintenant !

Mon père est désorienté. Il ne peut pas bien respirer. Je suis inquiète pour lui.

Je lui dis encore une fois :

— Nous allons à la clinique maintenant ! Je connais un bon infirmier là-bas. Il peut t'aider.

Après quelques minutes, mon père dit que oui. Alors, ma mère et moi, nous l'amenons à la clinique communautaire dans le *batey*.

Mes parents ne le savent pas, mais je vais souvent à la clinique communautaire. J'aime passer du temps là-bas. J'aime observer les médecins. Aussi, j'aime passer du temps avec un infirmier spécial qui travaille dans la clinique. Il s'appelle Juan Vega. Il peut aider mon papa.

Quand nous arrivons à la clinique, mon ami Juan y est. Il aide mon papa et dit qu'il est très malade. Quand mon papa voit les médecins, ils disent que mon père a un cœur faible. Ils disent aussi que mon papa ne peut plus travailler dans les champs. Pauvre papa ! C'est un problème très grave pour ma famille. Si mon père ne travaille pas, nous n'avons pas d'argent. Ici dans le *batey*, il n'y a pas de travail ni pour ma mère ni pour moi. Je suis très inquiète et triste. Qu'est-ce que nous allons faire ? Est-ce que nous devons rentrer en Haïti ?

◆ CHAPITRE 4
Maurice Vega

Petit Goâve, Haïti, janvier 2010

LE MATIN, je me réveille à sept heures. Je ne peux pas dormir plus. Je suis impatient parce qu'aujourd'hui est un jour spécial. Ce soir, il y a une fête pour mes parents. C'est leur anniversaire de mariage. Il y a plusieurs années, ma mère a fait la connaissance de mon père dans le batey en République dominicaine. Quand mon grand-père est devenu malade travaillant là-bas, mon père l'a aidé. Mais, mon grand-père n'a pas pu travailler plus. Donc, toute ma famille est rentrée en Haïti. Mes parents se sont mariés ici. Aujourd'hui ils fêtent dix-huit ans de mariage.

Avant la fête, je veux jouer au foot avec mes amis. Quand je sors dans la rue, je vois mes amis. Aussi, je vois la fille d'hier. Quelle surprise ! Elle me voit et me crie :

-Hé ! Viens ici ! J'ai quelque chose pour toi.

Elle me regarde dans les yeux et me donne une barre de chocolat. Elle dit :

— Tiens. Voilà ton chocolat.

Je suis content et commence à lui répondre. Mais, elle ne m'écoute pas et s'en va rapidement. Je ne comprends pas très bien cette fille mais je l'aime. Elle est audacieuse !

À quatre heures et demie de l'après-midi, je commence à jouer au foot avec mes amis. J'aime bien jouer avec eux. Un ami me passe le ballon et je commence à courir. Il fait du soleil et c'est un beau jour. Je suis content. Mon ami me crie :

— Passe-moi le ballon !

Tout à coup, la terre commence à trembler. J'ai peur. Je tombe…

◆ DEUXIÈME PARTIE
République dominicaine

◆ CHAPITRE 1
La famille Gómez

TOUT COMMENCE dans la rue. Les frères Gómez jouent toujours au base-ball dans la rue. La vérité est qu'ils ne jouent pas au base-ball. Ils jouent une forme de base-ball, le *vitilla* (ça se prononce *bee-tee-yah*). Quand les garçons jouent au *vitilla*, ils n'utilisent pas de batte. Ils n'utilisent pas de balle. Ils utilisent un bâton et un bouchon d'une grosse bouteille d'eau. C'est comme ça que les frères Gómez jouent. C'est comme ça que tout le monde joue dans le quartier.

Dans la République dominicaine, le base-ball est le sport national. Les gens sont obsédés par le base-ball. Les gens jouent au base-ball. Les gens parlent du base-ball. Les gens vont aux matchs de base-ball. Aussi, les gens écoutent les matchs à la radio. Beaucoup d'adolescents dominicains veulent être joueurs professionnels. Ils veulent jouer dans les ligues majeures aux États-Unis. Ils veulent être célèbres. Ils veulent être Manny Ramírez. Ils veulent être Vladimir Guerrero.

Les frères Gómez s'appellent Marcos et Omar. Ils habitent dans un appartement avec leurs parents à Los Llanos. Los Llanos est un village près de la ville de San Pedro de Macorís. San Pedro de Macorís est une ville de deux cent mille habitants. La ville est sur la côte sud-est de la République dominicaine. Elle est près de la capitale, Sainte Domingue. San Pedro de Macorís est connue pour ses très bons joueurs de base-ball. Beaucoup de joueurs dominicains professionnels dans les ligues majeures des États-Unis sont de San Pedro de Macorís. Aussi, la ville est connue pour la canne à sucre. À San Pedro de Macorís, beaucoup de gens travaillent dans l'industrie de canne à sucre.

Le père Gómez travaille dans une compagnie de canne à sucre. La mère s'occupe de la maison et s'occupe des enfants. Marcos a dix-sept ans et c'est le frère ainé. Il est grand et brun avec des yeux marron. Omar a seize ans. Il est aussi grand et brun avec des yeux marron. La famille n'a pas beaucoup d'argent, mais c'est une famille heureuse. Tout le monde dans le quartier connaît la famille Gómez. Ils sont toujours très gentils avec tout le monde.

Les deux frères, Marcos et Omar, sont les meilleurs amis. Ils étudient au lycée ensemble et jouent à la plage ensemble. Ils ont les mêmes amis, et, bien sûr, toujours jouent au *vitilla* avec leurs amis dans la rue.

Tous les garçons du quartier veulent jouer comme les frères Gómez parce qu'ils ont beaucoup de talent. Marcos et Omar sont experts en base-ball et ils jouent super bien. Marcos est le lanceur le plus célèbre du quartier. Tous les garçons l'admirent. Tous sont intéressés quand Marcos joue au base-ball. Marcos lance les balles très rapidement. Marcos a un bras très fort. Les gens l'appellent « le bras d'or » !

Un jour, les garçons jouent au *vitilla* dans la rue. Marcos est le lanceur. Quand il tire un bouchon très fort, le bouchon frappe le batteur dans la tête. Le pauvre batteur touche sa tête avec la main. Ensuite, il commence à pleurer comme un bébé. Le pauvre a une bosse sur la tête. La bosse est très rouge et a la forme d'un bouchon. Tous les autres garçons commencent à rire. Le pauvre batteur touche sa tête encore une fois et il rentre à la maison.

L'autre frère, Omar, est aussi expert en base-ball. Il sait lancer, frapper et attraper la balle très bien. Il aime aussi courir rapidement. Omar est le garçon le plus rapide du quartier. Quand les garçons ne jouent pas au *vitilla,* ils courent dans les rues et ont des compétitions. Le garçon qui court le plus rapidement est connu et respecté par tous. Omar court toujours très rapidement. Bien sûr, il est respecté plus que tous les autres garçons !

Un autre jour, tous les garçons regardent une compétition entre Omar et Paco. Paco est un garçon très sportif. Les deux garçons, Paco et Omar, courent très rapidement, et tout le monde est très intéressé.

Quelques garçons commencent à crier :

— O-mar, O-mar !

D'autres garçons commencent à crier :

— Pa-co, Pa-co !

Les deux garçons commencent et courent rapidement. Omar est très concentré et veut gagner. Mais, tout à coup, Omar voit une très belle fille. Elle a les cheveux longs et de beaux yeux. Quand Omar voit la belle fille, il est distrait et il tombe.

Tous les garçons du quartier commencent à rire quand Omar trébuche et tombe. Omar a honte. Tout le monde commence à rire parce qu'Omar trébuche et tombe quand il voit la belle fille. Omar ne veut pas perdre. Il a une idée.

Omar se lève rapidement. Il voit la fille et il crie :

— Hé, ma belle ! Comment t'appelles-tu ?

Évidemment, Omar n'est pas timide. La fille est très surprise quand elle voit Omar. Elle lui répond :

— Je m'appelle Carlota.

Carlota est nerveuse et commence à rire. Elle pense qu'Omar est très sportif et cool. Omar est aussi nerveux et commence à rire. Il veut impressionner la fille.

Finalement, Omar est le gagnant. Tous les garçons applaudissent et crient ! Après, Omar voit son frère, Marcos. Marcos lui dit :

— Omar, bien fait aujourd'hui ! Paco est un des garçons les plus vites et tu gagnes toujours. Aussi, maintenant tu connais une belle fille. Impressionnant !

Ensuite, les deux frères voient des amis dans la rue. Ils décident de jouer au *vitilla*. Beaucoup de gens du quartier arrivent parce qu'ils aiment regarder les matchs. Les filles regardent et parlent des garçons sportifs et cool. Les mères regardent leurs fils avec émotion. Les hommes regardent et parlent du base-ball. Tout le monde dans le village adore le *vitilla*.

Plus tard, les frères Gómez voient un homme.

Ils voient un homme inconnu. L'homme les regarde quand ils jouent. L'homme inconnu regarde les garçons intensément.

◇ CHAPITRE 2
L'homme inconnu

LE SOIR dans la maison Gómez, la famille passe à table pour manger. Ils ont tous très faim ! La mère leur prépare un plat typique de l'île, *el locrio dominicano*. C'est un plat avec du riz, de la viande et des légumes. Tout le monde l'aime.

La mère demande à ses fils :

— Comment ça va, mes chéris? Décrivez-moi votre journée.

— Eh bien, nous avons passé la journée avec des amis. Nous avons joué au *vitilla* et avons fait des compétitions dans la rue, lui répond Omar.

— Oui ! Omar est incroyable. Il court très vite et gagne toujours. Maintenant, il connaît une belle fille aussi, lui dit Marcos.

Ils mangent. Ils aiment le plat. Le père commence à parler :

— Quoi d'autre, les garçons ?

Alors, Omar lui répond :

— Comme toujours, quand nous jouons au *vitilla*, il y a beaucoup de monde…

Marcos est impatient et il interrompt :

— Oui ! Mais aujourd'hui, il y avait un homme inconnu qui nous regardait tous. Personne ne le connaissait.

— Oui, il nous regardait intensément.

La mère est inquiète et leur dit :

— Mes chéris, comment est-il, cet homme ? Décrivez-le. Je pense que la situation est un peu étrange.

— Alors, l'homme est petit, brun et un peu gros.

— Je pense qu'il a environ quarante ans. Il nous regardait intensément, lui répond Omar.

— Est-ce que tu penses que c'est un dénicheur de talents professionnel, Omar ? lui demande son frère, très enthousiaste.

— Aucune idée, lui répond Omar, c'est possible.

Un dénicheur de talents est un homme qui cherche les jeunes talentueux. Il cherche les jeunes pour jouer dans les ligues majeures aux États-Unis. Quelquefois, les dénicheurs de talents sont dominicains. Quelquefois, ils sont des États-Unis. Ils cherchent les meilleurs joueurs de baseball de la République dominicaine. Les meilleurs joueurs vont aux camps d'entraînement pour jouer et s'entraîner. Dans les camps, les dénicheurs de talents entraînent les joueurs. Quelques dénicheurs de talents travaillent pour les équipes américaines qui ont des camps en République dominicaine. Par exemple, les équipes de Chicago et de Los Angeles ont leurs camps en République dominicaine. Beaucoup de camps sont à San Pedro de Macorís. Après, les meilleurs joueurs vont aux États-Unis pour jouer professionnellement.

— Ça c'est incroyable ! Un dénicheur de talents regarde mes fils ! dit le père avec enthousiasme.

— Bon, ça suffit. Demain nous allons parler plus, répond la mère.

Les deux frères sont très fatigués et ils s'endorment rapidement. La mère est un peu inquiète et elle dit à son mari :

— Je suis un peu inquiète parce qu'un dénicheur de talents regarde les garçons. Toi et moi, nous savons qu'Omar et Marcos sont très jeunes. Ils sont trop jeunes pour jouer professionnellement aux États-Unis. Aussi, s'ils vont à un camp d'entraînement, ils ne vont pas continuer avec leurs études au lycée. Tu sais que beaucoup de jeunes dominicains veulent être joueurs de baseball professionnels. Très peu vont avoir l'occasion de le faire.

Le père lui répond :

— On ne sait jamais…on ne sait jamais…

Le lendemain, les garçons se réveillent. Ils se préparent pour le lycée. Omar est très content. Maintenant il connaît Carlota et il pense à elle. Il est très content et il se prépare avec beaucoup d'énergie.

D'abord, Omar va dans la salle de bains. Là-bas, il se lave avec de l'eau chaude et du savon. Il se lave la figure et il se lave les cheveux. Ensuite, il se sèche les cheveux et il se brosse les dents rapidement. Il se met de l'eau de toilette et du déodorant. Il se met son jean préféré et un tee-shirt. Il est très content. Il se regarde dans le miroir. Il commence à chanter une chanson romantique de Juan Luis Guerra. Il pense à Carlota. Il prend sa brosse et il l'utilise comme microphone. Il chante, il chante et il chante plus. Il pense aux yeux de Carlota quand il chante. Il pense à la voix de Carlota quand il chante. Aussi il pense au sourire de Carlota quand il chante.

La fenêtre de la salle de bains est ouverte. Il y a une brise tropicale. Les voisins écoutent sa chanson romantique. Les voisins l'écoutent chanter. Ils commencent à chanter avec lui. À ce moment-là, Omar a honte et il rougit.

Omar et Marcos passent la journée à l'école. Après les classes, les deux voient leurs amis dans la rue. Ils décident de jouer au *vitilla*. Quand les garçons jouent, Omar voit Carlota avec ses amies. Carlota voit Omar aussi et les deux sont très contents. Tout à coup, Omar voit l'homme inconnu. Encore une fois, l'homme regarde les garçons intensément. Marcos est enthousiaste parce qu'il pense que l'homme est dénicheur de talents professionnel.

Après le match, l'homme parle avec Omar et Marcos.

— Écoutez, les garçons ! Vous savez jouer très bien, leur dit l'homme.

Les garçons écoutent attentivement, et l'homme continue :

— Je veux me présenter. Je m'appelle Rodrigo González. Je suis dénicheur de talents professionnel. Écoutez, les garçons. Je pense que vous êtes très talentueux. Comment vous appelez-vous ?

— Je m'appelle Marcos, Monsieur.

— Je m'appelle Omar. Est-ce que vous êtes dénicheur de talents ?

— Oui, je suis dénicheur de talents, et j'ai un camp d'entraînement près de San Pedro de Macorís. J'entraîne les meilleurs joueurs de l'île. J'ai des relations de travail. Je connais beaucoup de joueurs professionnels aux États-Unis. Voilà ma carte de visite. Est-ce que je pourrais venir à votre maison demain ? Je veux parler sérieusement avec vous et avec vos parents.

— Oui, monsieur ! lui crie Marcos. Quelle bonne idée ! Nous habitons près d'ici.

— Écrivez votre adresse. J'arrive à votre maison demain à huit heures.

— Oui, oui. Ça va. À demain à huit heures, disent les frères à Rodrigo et ils partent. En marchant, Marcos crie :

— Quelle chance, Omar ! Nous allons jouer aux États-Unis ! Nous allons gagner beaucoup d'argent ! Nous allons être célèbres ! Nous allons être comme Vladimir Guerrero !

Omar commence à rire un peu. Mais, il regarde Marcos et lui dit sérieusement :

— Écoute, Marcos. Ce n'est pas si facile.

Marcos ne l'écoute pas. Il commence à crier :

— Je suis le meilleur joueur du monde !

Les frères vont à pied à la maison. Quand ils arrivent, ils expliquent tout à leurs parents.

◆ CHAPITRE 3
Le dénicheur de talents et l'occasion

LE LENDEMAIN, Omar et Marcos attendent avec impatience l'arrivée du dénicheur de talents, Rodrigo González. Quand Rodrigo arrive, il entre dans la maison et tout le monde se met à table. La mère leur sert *las habichuelas con dulce*. C'est un dessert très typique de la République dominicaine. La mère lui dit sincèrement :

— Alors, Monsieur. Mes fils disent que vous êtes dénicheur de talents professionnel.

— Oui, Madame. Je suis Rodrigo González. J'ai mon propre camp d'entraînement de base-ball. Merci pour l'occasion de parler avec vous.

— Merci à vous, Monsieur González, lui dit le père. Je sais que mes deux fils ont beaucoup de talent. Comment est-ce que vous connaissez Marcos et Omar ?

Rodrigo leur explique :

— Quand vos fils jouent dans la rue, je suis toujours très impressionné. Mon travail est de chercher et de trouver les meilleurs joueurs de base-ball de toute la République dominicaine. Je voyage beaucoup et je passe par beaucoup de villages. Je cherche les meilleurs joueurs. Je les entraîne dans mon camp. Tout le monde sait que San Pedro de Macorís est célèbre pour ses experts de base-ball. Vladimir Guerrero vient d'ici ; Alfonso Soriano vient d'ici. Les deux ont beaucoup de succès dans les ligues majeures aux États-Unis.

— Je comprends, dit la mère, mais beaucoup d'enfants d'ici sont pauvres. Ici on joue dans la rue sans chaussures. On joue sans batte. On joue sans balles. Pourquoi est-ce que mes fils sont candidats parfaits pour les ligues majeures ? Ils jouent seulement avec un bâton et un bouchon d'une grosse bouteille d'eau.

— Madame, lui explique le chercheur, je reconnais le talent naturel. On n'a pas besoin de chaussures très chères pour courir rapidement ; on a besoin de la vitesse. On n'a pas besoin de balle officielle pour être bon lanceur ; on a besoin d'un « bras d'or ». Vos fils ont beaucoup de talent, Madame Gómez.

Le père lui dit :

— L'homme a raison, mon amour. Ils doivent avoir l'occasion de réaliser leurs rêves. Quand ils réussissent, ils vont être contents !

— Excusez-moi, Monsieur, lui dit la mère, mais j'ai des questions. Quel est votre plan pour les garçons ? Comment est le camp ? Est-ce que nous avons besoin de payer ? Est-ce que les garçons vont continuer leurs études ?

— Écoutez, Madame, lui explique Rodrigo, le camp est près de San Pedro de Macorís. Il est très propre et les garçons dorment là-bas. Ils ont des classes tous les jours aussi. Ils mangent ensemble dans la cantine. La cuisine est très bonne. Vos fils vont être très contents là-bas.

— Est-ce que nous avons besoin de payer ? lui demande le père.

— Ne vous inquiétez pas. Le camp donne des battes aux garçons. Le camp leur donne des gants. Le camp leur donne à manger. Vous n'avez pas besoin de payer beaucoup.

Ainsi, M. et Mme Gómez sont contents parce qu'ils n'ont pas beaucoup d'argent.

— Imaginez ! leur dit Rodrigo. Quand vos fils vont réussir, ils vont être très célèbres. Ils vont avoir beaucoup d'argent. Ils vont attirer l'attention de beaucoup de supporters. Quand ils vont réussir, vos fils vont aller aux États-Unis. Mon camp est le premier pas vers la réalisation de leur rêve. Ne vous inquiétez pas. Tout va se passer bien.

— S'il te plaît, maman ! Nous voulons y aller ! lui crie Marcos.

Omar aussi lui dit :

— L'argent va aider la famille.

La mère continue :

— Je suis un peu inquiète. Mais si vous voulez vraiment aller au camp, ça va.

La mère regarde Monsieur González et lui dit :

— Je suis inquiète mais occupez-vous bien de mes fils, s'il vous plaît.

Le prochain samedi, les deux frères vont dans la rue. Ils veulent voir leurs amis et ils veulent parler avec eux. Quand ils parlent, Omar voit Carlota encore une fois. Carlota est avec son groupe d'amies dans la rue. Elle est très belle, comme toujours. Omar veut parler avec elle et lui dit :

— Salut, Carlota. Est-ce que tu te souviens de moi ? Ça va ?

— Oui, Omar. Je vais bien. Tout le monde parle de toi et de ton frère. Vous allez à un camp d'entraînement, n'est-ce pas ?

— Oui, c'est vrai. Comme les nouvelles vont vite ! Le chercheur dit que nous allons jouer au base-ball aux États-Unis ! Il dit que nous allons gagner beaucoup d'argent ! Je pense que c'est une bonne occasion pour ma famille.

— Omar, je ne te connais pas très bien. Mais tout le monde sait que c'est très difficile de réussir aux États-Unis.

À ce moment-là, Marcos arrive et leur dit avec émotion :

— Évidemment nous allons jouer aux États-Unis ! Évidemment nous allons gagner beaucoup d'argent ! Je suis le meilleur joueur de l'île, et mon frère réussit toujours ! Il n'y a pas de problème !

Quand ils écoutent tout ça, Omar et Carlota commencent à rire. Omar dit à Carlota :

— Écoute, nous allons bientôt au camp. Je veux ton numéro de téléphone. Est-ce que je peux t'appeler ?

Avec un grand sourire, Carlota écrit son numéro et donne le papier à Omar.

◆ CHAPITRE 4
Dans le camp d'entraînement

FINALEMENT, c'est le jour de partir pour le camp. Les deux garçons disent au revoir à leurs parents. Ils sont impatients. Leurs parents sont très contents et aussi un peu inquiets. Les garçons n'ont pas beaucoup d'affaires, mais Omar a le numéro de téléphone de Carlota. Omar veut parler avec elle. Marcos veut être célèbre.

Le bus va au camp. Dans le camp, Omar et Marcos voient beaucoup de garçons qui jouent au base-ball. Ensuite, ils voient Rodrigo González, le chercheur. Rodrigo a un grand sourire et il leur dit :

— Salut, les garçons ! Bienvenue ! Venez ici. Nous allons voir le camp.

Quand les garçons entrent dans leur nouvelle chambre, il fait très chaud. Il y a des lits mais il n'y a pas beaucoup de place. Les garçons mettent leurs affaires sur les lits, et tous les garçons vont pour voir le camp. D'abord, ils vont à la cantine. Rodrigo leur dit avec un sourire :

— On mange ici tous les jours. On sert la meilleure cuisine de toute l'île.

Après, ils vont aux salles de classe pour voir où ils vont étudier. Finalement, ils vont au camp pour voir où ils vont s'entraîner. Rodrigo leur dit :

— Le matin on joue quand il ne fait pas très chaud. On joue encore une fois après avoir mangé quand il fait plus frais.

Marcos et Omar voient des garçons qui courent, lancent et frappent la balle. Omar est un peu inquiet quand il voit les autres garçons. Ils ont beaucoup de talent aussi.

Mais Marcos se dit :

— Je suis le meilleur de tous. Il n'y a pas de problème. C'est formidable ici !

Dans le camp, les garçons ont une routine très stricte. Ils se lèvent à six heures et mangent. Après, tout le monde s'entraîne pendant beaucoup d'heures. Ils courent et s'entraînent avec les autres joueurs de la même position. Les lanceurs s'entraînent ensemble. Les receveurs s'entraînent ensemble. Les batteurs s'entraînent ensemble. Après, il y a toujours des matchs très compétitifs. Tous les garçons ont le même rêve. Ils veulent impressionner les chercheurs et jouer dans les ligues majeures.

Pendant la journée les garçons suivent des classes. Dans les classes, les garçons apprennent l'anglais, la nutrition et les coutumes des États-Unis. Dans la classe d'anglais, les garçons apprennent les expressions communes de base-ball. Les professeurs leur disent, par exemple, *Homerun* !, et tous les garçons dominicains répètent, *Jonrón* ! Les professeurs leur disent aussi, *Good hit* !, et tous répètent, *Gu jít* ! Les professeurs leur disent aussi, *Strike out* !, et tous répètent, *Estrike out* ! C'est un peu difficile à prononcer en anglais, mais les garçons veulent apprendre. Marcos s'imagine dans un grand stade avec beaucoup de fans qui crient son nom, Marcos, Mar-cos !

Si Marcos veut être riche et célèbre, son frère veut parler avec Carlota. Il aime parler avec elle au téléphone le dimanche.

Un dimanche, Omar appelle Carlota. Elle est toujours contente d'écouter sa voix. Ils commencent à se parler :

— Allô ?

— Salut, Carlota. C'est Omar.

— Omar ! Comment ça va ? Comment va tout dans le camp ?

— Ça va bien, mais il y a beaucoup de travail. Nous parlons du base-ball et jouons au base-ball toute la journée. Les autres garçons sont bons et il y a beaucoup de compétition. Il y a aussi beaucoup de stress, mais j'aime la vie ici. Et toi ? Ça va ?

— Je vais bien aussi. Je suis très contente parce que je lis le livre *Au temps des papillons* en anglais. Je connais l'histoire des sœurs Mirabal. Maintenant je lis le livre en anglais. Je veux apprendre à parler très bien l'anglais.

— Ahhh…quelle bonne idée ! Si tu parles bien l'anglais, tu peux m'aider aux États-Unis, n'est-ce pas ?

Les deux commencent à rire. Carlota aime beaucoup l'idée. Omar continue :

— Tu sais quoi, Carlota ? J'ai une question importante pour toi…

— Qu'est-ce que c'est ?

— Eh bien…euh…bon, est-ce que tu veux être ma copine ?

— Oui ! Je veux être ta copine !

Les deux commencent à rire encore une fois. Omar lui dit :

— Je suis très content ! Je veux te parler plus mais je dois partir. Je t'appelle dans une semaine, mon amour.

◆ CHAPITRE 5
La tragédie

LE LENDEMAIN, les garçons s'entraînent dans le camp. Tout à coup, Omar voit un jeune garçon à l'extérieur du camp. Il a les cheveux noirs et il est grand et très mince. Ses vêtements sont sales et vieux. Aussi, il est seul. Le garçon regarde les autres pendant qu'ils jouent au base-ball. Les autres ne connaissent pas le garçon. Ils courent et jouent comme toujours.

À l'heure du déjeuner, les garçons entrent dans la cantine. Ils ont faim. Ils ramassent leur nourriture. Ils s'asseyent près de la fenêtre. Ils commencent à manger. Omar voit le même garçon par la fenêtre. Omar dit à son frère :

— Marcos, est-ce que tu vois ce garçon là-bas ? Il est seul.

— Oui, je le vois.

— Qu'est-ce qu'il fait ? Pourquoi est-ce qu'il est seul ?

— Aucune idée. Il est clair qu'il n'est pas du camp.

Marcos ne s'intéresse pas trop au garçon. Mais Omar veut faire sa connaissance. Omar sort de la cantine avec du pain et une bouteille d'eau dans la main. Il parle avec le garçon.

— Coucou ! Qu'est-ce que tu fais ici ?
— Rien. Pardon…c'est que…je regarde seulement. J'ai très soif. Est-ce que tu as de l'eau ?
— Oui, oui. Prends ce pain aussi.

Le garçon commence à manger rapidement. Omar veut savoir plus. Il lui demande :

— Est-ce que tu habites près d'ici ?
— Non. La vérité est que je suis d'Haïti.
— Haïti ? crie Omar, le tremblement de terre ! Qu'est-ce qui s'est passé ?
— Eh bien, c'était horrible.
— Est-ce que tu es ici avec ta famille ?
— Non, je suis seul.
— Comment est-ce que tu es arrivé au camp ?
— Il n'y avait ni eau ni nourriture dans ma

ville en Haïti. Donc, je suis parti. J'ai marché et marché. J'ai pris de nombreux autobus et aussi un camion.

— Et maintenant, où est-ce que tu dors la nuit ?

— Je dors dans la rue.

— Tu as faim et sommeil, n'est-ce pas ?

— Oui, c'est vrai. J'ai très faim et je suis très fatigué.

— Bon, je suis Omar. Viens avec moi à la cantine. Il y a plus de nourriture là-bas.

— Merci. Je suis Maurice.

Les deux garçons marchent à la cantine. Il n'y a personne là-bas. Les autres garçons sont dans leur chambres. Omar cherche quelque chose à manger pour Maurice dans la cuisine. Il trouve un peu de riz avec des légumes. Omar donne l'assiette de nourriture à Maurice. Les deux garçons s'asseyent à table. Maurice commence à manger rapidement. Omar veut savoir plus. Il lui demande :

— Maurice, si tu es d'Haïti, pourquoi est-ce que tu parles très bien l'espagnol ?

— Ma maman était d'Haïti mais mon papa était dominicain. Je parle trois langues : espagnol, français, et créole.

— Où est ta famille ?

— Mes parents sont morts dans le tremblement de terre, Maurice lui dit avec tristesse, et maintenant je n'ai pas de famille. Donc, je suis parti de ma ville pour chercher de l'aide. J'ai besoin de nourriture. Aussi, je veux trouver ma famille dominicaine.

— Ta famille est morte ? Je suis désolé, Maurice. Je veux t'aider.

— Merci. Je suis triste et aussi très fatigué. Merci pour la nourriture.

Maurice commence à partir quand Omar a une idée :

— Un moment, Maurice. Je veux parler avec Rodrigo. Il est possible que tu puisses rester ici dans le camp. Viens avec moi. Nous allons parler avec Rodrigo.

Les deux garçons commencent à marcher.

— Qui est Rodrigo ? Maurice lui demande.

— Rodrigo est le directeur de ce camp de base-ball. Mon frère et moi habitons ici et nous nous entraînons. Nous voulons jouer dans les ligues majeures aux États-Unis. Nous sommes dans le camp pour nous entraîner. Est-ce que tu sais jouer au base-ball ?

— Non. En Haïti on ne joue pas au base-ball. En Haïti on joue au football. Mais moi, j'aime tous les sports. Je suis sportif.

À ce moment-là, les deux garçons vont au bureau de Rodrigo. Rodrigo ouvre la porte et Omar lui dit :

— Salut, Rodrigo. Voilà Maurice. Il vient d'Haïti et il est dans une situation horrible. Toute sa famille est morte dans le tremblement de terre. Il n'a pas de maison.

Rodrigo ne comprend pas et veux savoir plus. Il lui demande :

— Est-ce que tu es d'Haïti ? Pourquoi est-ce que tu es dans la République dominicaine ?

Pourquoi est-ce que tu es dans mon camp de base-ball ?

— Eh bien, ma famille est morte et maintenant je n'ai rien. Je suis ici parce que je veux trouver ma famille dominicaine.

Ensuite, Maurice est très triste et il ne peut pas parler plus. Omar continue :

— Rodrigo, Maurice n'a rien. Sa famille est morte. Maintenant il n'a ni famille ni nourriture. Est-ce que Maurice peut rester ici dans le camp ?

— Qu'est-ce que tu dis ? Est-ce que tu es sérieux ? Un Haïtien ici dans le camp ? Ce n'est pas possible. Maurice ne peut pas rester ici ! crie Rodrigo.

— Seulement quelques jours ?

— Non. Ici dans mon camp on ne permet pas d'Haïtiens. Je répète. Maurice ne peut pas rester dans ce camp.

Les deux garçons sortent du bureau de Rodrigo en silence. Omar est fâché. Il ne peut pas croire la réaction négative de Rodrigo. Pendant que Maurice reste dehors, Omar appelle Carlota et lui raconte tout.

Carlota écoute et veut savoir plus de Maurice. Elle dit à Omar :

— Maurice ne peut pas rester là-bas ?

— Non. Rodrigo dit que non.

— Écoute-moi, Omar. Ce garçon n'a rien. Sa famille est morte. Tu dois l'aider.

Après la conversation avec Carlota, Omar et Maurice vont à la chambre de Marcos.

Omar lui dit :

— Écoute, Marcos. Est-ce que tu te souviens de ce garçon ?

— Oui, lui répond Marcos.

— Salut, je suis Maurice.

— Maurice est d'Haïti, lui explique Omar, et il a souffert beaucoup dans le tremblement de terre. Nous avons parlé avec Rodrigo. Je suis fâché parce qu'il dit que Maurice ne peut pas rester dans le camp.

— Bon, à mon avis, Rodrigo a raison. Maurice n'est pas joueur de base-ball. Il n'est pas d'ici, lui répond Marcos.

— Mais, il faut nous occuper de Maurice. Il faut lui donner de la nourriture. Il faut l'aider, dit Omar.

— Omar, comment est-ce possible ? Rodrigo dit qu'il ne peut pas rester. Tu es fou, mon frère ! Rodrigo va être fâché ! lui crie Marcos.

Ensuite, Marcos sort rapidement de la chambre.
Omar dit à Maurice :

— Je suis désolé, Maurice. Écoute mon idée. Pendant que nous nous entraînons, tu peux rester ici dans ma chambre. Tu peux lire, écrire ou dormir. Aussi, tu peux manger ici dans la chambre. Je vais parler avec les autres joueurs. Je veux t'aider. Maintenant j'ai besoin d'aller en classe. On se voit plus tard.

— Merci beaucoup pour ton aide, Omar.

— De rien. À bientôt.

◆ CHAPITRE 6
Le plan secret

CETTE NUIT-LÀ, Omar invite les autres joueurs à sa chambre. Tout le monde fait la connaissance de Maurice. Maurice leur explique son histoire tragique. Tout le monde écoute sérieusement. Maurice leur explique :

— Alors, il était quatre heures et demie de l'après-midi. Il faisait du soleil et aussi très chaud dans mon village, Petit Goâve. C'est à 64 kilomètres de la capitale d'Haïti, Port-au-Prince. Beaucoup de gens à Petit Goâve se connaissent et sont amis. Nous n'avons pas beaucoup mais nous sommes contents. Le jour du tremblement de terre, mes amis et moi, nous jouions au foot, quand, tout à coup, la terre a commencé à trembler. Je suis tombé. Après, ma maison est tombée. Les gens criaient et couraient partout. Dans quelques minutes, j'ai vu que toutes les maisons étaient détruites.

Maurice commence à pleurer. Il y a un silence entre les garçons. Tout à coup, un garçon lui dit :

— Explique plus, si tu peux, Maurice, s'il te plaît.

Maurice pleure parce qu'il est très triste. Finalement, il commence à parler :

— Partout des gens mourraient. C'était terrible.

Un autre garçon lui demande :

— Et ta famille, Maurice ?

Après une longue pause, Maurice lui répond :

— Ma famille est morte. Maintenant, tous sont morts.

Les garçons sont très surpris et tristes. Encore une fois, il y a un silence dans la chambre. Après quelques minutes, un garçon lui dit :

— Maurice, nous voulons t'aider. Comment est-ce que tu es arrivé au camp ? Pourquoi est-ce que tu es ici ?

— La situation en Haïti était horrible. Alors, j'ai commencé à marcher à la République dominicaine. Je veux trouver ma famille dominicaine. J'ai besoin d'aide.

— Où est-ce que ta famille dominicaine habite ?

— La vérité est que je ne sais pas. Je n'ai pas beaucoup d'informations. Maintenant en Haïti il n'y a pas de téléphones. Il n'y a rien : pas de nourriture, pas d'eau. Donc, je suis parti d'Haïti.

Encore une fois, Maurice commence à pleurer. Alors, Omar leur raconte sa conversation avec Rodrigo :

— Écoutez, les garçons, Rodrigo dit que Maurice ne peut pas rester au camp. Ce n'est pas juste ! Nous avons besoin de l'aider.

Cette nuit-là, les garçons cachent Maurice dans les chambres. Pendant la journée, les garçons s'entraînent et Maurice reste dans la chambre. Quelquefois, Maurice pleure quand il est seul. Mais, quand les garçons terminent l'entraînement, il est un peu plus content. Tous les garçons parlent de leurs vies et parlent beaucoup de base-ball. Maurice aime beaucoup ces moments.

Une nuit, très tard, Maurice ne peut pas dormir. Il réveille Omar et lui dit :

— Je suis triste, Omar. Je ne peux pas dormir. Est-ce que tu veux sortir avec moi ? J'ai besoin de faire quelque chose d'active.

Omar lui dit :

— J'ai une idée.

Omar prend une batte et une balle. Les deux garçons commencent à marcher. Ils marchent et marchent. Ils marchent loin du camp. Finalement, ils arrivent dans un petit terrain près d'une école primaire. Sous la lumière de la lune, Omar apprend à Maurice à jouer au base-ball. Il lui apprend à lancer la balle. Il lui apprend à frapper la balle. Il lui apprend à atteindre les bases. Il lui apprend à attraper la balle. Pour la première fois dans deux semaines, Maurice est content. Omar est surpris parce que Maurice joue très bien au base-ball.

— Maurice, tu joues très bien ! lui dit Omar.

— Alors, vous, les garçons, parlez beaucoup de base-ball et j'écoute très bien. Aussi, je vous vois par la fenêtre et je copie votre forme. Je veux continuer de jouer !

La nuit, Omar et Maurice vont au terrain de l'école et jouent. Maurice veut savoir plus de base-ball. Omar lui apprend la bonne forme et la technique. Maurice est très sportif et apprend tout facilement. Il devient un bon joueur. Quand Omar lui lance la balle, Maurice l'attrape ou frappe un coup de circuit. Quand ils font une course, Maurice gagne. Il est impressionnant. Les deux garçons aiment beaucoup jouer au base-ball. Ils commencent à être de bons amis. Quand ils sortent la nuit, personne ne les voit. C'est un secret. Les garçons ne savent rien du talent de Maurice, sauf Omar.

Une nuit, Omar et Maurice vont au terrain pour jouer. Marcos ne peut pas dormir et il voit les deux garçons. Marcos va aussi au terrain. Quand Omar et Maurice arrivent, ils sortent une batte, une balle et un gant d'un sac à dos. Marcos est curieux. Il va derrière un arbre pour regarder. Marcos voit qu'Omar apprend à Maurice à jouer. Marcos ne peut pas le croire ! Maurice lance très bien la balle. Maurice frappe très loin la balle. Aussi, il attrape facilement la balle. Maurice est très bon. Marcos n'aime pas l'idée. Il est furieux ! Il est fâché aussi parce que son frère aide Maurice.

Tout à coup, Marcos court vers les deux garçons. Furieusement, il pousse la poitrine de son frère et lui crie :

— Qu'est-ce que tu fais avec cet Haïtien ?
Traître ! Tu gâches tout ! Je suis ton frère !
Qu'est-ce que tu fais avec cet idiot ?

Omar ne sait pas quoi faire. Il regarde Marcos, surpris. Tout à coup, Marcos perd le contrôle. Il frappe son frère au visage. Omar tombe par terre. Maurice les interrompt et dit de façon très agressive à Marcos :

— Du calme ! Nous jouons seulement. C'est tout.

— Je ne te crois pas ! répond Marcos, très fâché.

Marcos commence à courir au camp. Il lui crie :
— Tu sais quoi, Maurice ? Je vais tout dire à Rodrigo. Tu vas retourner à la rue !

CHAPITRE 7
Le mensonge

TRÈS TÔT LE LENDEMAIN, Marcos va au bureau de Rodrigo. Il veut lui expliquer tout. Il frappe à la porte et lui dit :

— Pardon. J'ai des nouvelles importantes.

Rodrigo lui répond :

— Je n'ai pas le temps maintenant. Je suis très occupé. Reviens un autre jour.

— Rodrigo, c'est important. Cet Haïtien est toujours ici ! Il mange ici et il dort ici ! Il abuse de tout ! Ce n'est pas juste !

— Quoi ? Cet Haïtien est toujours ici ! Ce n'est pas vrai ! Il ne doit pas être ici !

Rodrigo sort de son bureau furieusement. Il va à la chambre et cherche Maurice. Il le cherche partout mais il ne le trouve pas. Il entre dans la chambre d'Omar et lui crie :

— Où est cet Haïtien ? Je sais qu'il est toujours ici ! Marcos m'a tout raconté !

Omar ne veut pas dire la vérité et il lui dit un mensonge :

— Je ne sais pas, Rodrigo. Je n'ai aucune idée. Il n'est pas ici.

Rodrigo lui répond :

— Si Maurice est toujours ici, je te mets à la porte !

Plus tard, tout le monde mange dans la cantine. Rodrigo entre et annonce qu'un dénicheur de talents important de Miami arrive dans deux jours. Le dénicheur travaille pour une équipe nord-américaine.

Rodrigo dit aux garçons :

— Vous avez besoin de vous entraîner beaucoup. C'est très important.

Après, tous les garçons sont enthousiastes et aussi inquiets. Tout le monde s'entraîne beaucoup. Tout le monde veut aller aux États-Unis pour jouer. C'est leur grand rêve.

Deux jours après, le dénicheur de talents de Miami arrive au camp. Tous les garçons courent, lancent et frappent la balle pendant que le dénicheur les regarde. Maurice veut aussi regarder ses amis. Il se cache derrière les arbres, près du camp.

Pendant que Maurice regarde tout le monde, un des garçons frappe un coup de circuit. Il frappe la balle très loin. La balle tombe aux pieds de Maurice. Un autre garçon court vers Maurice et ramasse la balle. Tout à coup, le garçon voit Maurice derrière les arbres. Il lui dit :

— Hé, qu'est-ce que tu fais ici ?

Maurice est inquiet et lui dit :

— Pardon, je suis seulement…

Tous les autres garçons écoutent les voix près des arbres. Ils courent vers les voix. Le dénicheur de Miami et Rodrigo aussi écoutent les voix. Ils courent vers les garçons aussi. Ils voient Maurice. Quand Rodrigo voit Maurice, il est très fâché. Il lui crie :

— Pourquoi est-ce que tu es toujours ici ? Ce n'est pas ta maison. Tu ne peux pas être ici. Va-t'en !

Quand Omar écoute ça, il défend son ami et dit à Rodrigo :

— Ce garçon s'est échappé d'Haïti. Il n'a pas de famille, pas de nourriture.

Omar regarde le dénicheur de Miami et lui dit directement :

— Ce garçon a beaucoup de talent.

Alors, le dénicheur dit à Maurice :

—Voyons, est-ce que tu veux jouer ?

Rodrigo n'est pas content mais il lui permet de jouer. D'abord, Maurice court. Il court très vite. Après, Maurice lance la balle. Il lance la balle très loin. Finalement, Maurice frappe la balle. Il frappe un coup de circuit! Tous les garçons applaudissent. Tout le monde est très content, sauf Rodrigo et Marcos.

Le dénicheur de Miami est impressionné avec Maurice et veut parler avec lui.

— C'est tout pour maintenant ! crie Rodrigo aux autres garçons.

Tout le monde rentre à ses chambres. En rentrant, Marcos demande à son frère :

— Écoute, pourquoi est-ce que tu défends cet Haïtien ? Maintenant le dénicheur préfère Maurice. Maintenant, nous n'allons pas jouer aux États-Unis ! Tu es un idiot !

— Et tu es très égoïste ! Tu sais qu'il a du talent naturel. Tu sais aussi que Maurice n'a rien.

— Et nous ? Qu'est-ce que nous avons ?

— Nous avons notre famille. Nous avons à manger. Nous avons une maison. Si nous n'allons pas aux États-Unis, nous pouvons toujours rentrer à la maison.

— Tu es toujours très bon, Omar. Mais tu es aussi un idiot !

Marcos est très fâché. Il entre dans sa chambre et claque la porte.

◆ CHAPITRE 8
La surprise

QUELQUES MOIS APRÈS, Omar rentre chez lui. Les dénicheurs de talents pensent qu'il est très bon pour la deuxième division locale. Mais, Omar sait qu'il n'a pas de passion pour le base-ball. Il décide que sa famille est plus importante. Il veut aider son père avec son travail. Aussi, il pense toujours à Carlota. Il veut être près d'elle.

Quand Omar arrive au village, il va chez lui et voit ses parents. Après, il va à la maison de Carlota avec des fleurs. Quand Carlota ouvre la porte, Omar lui donne les fleurs. Aussi, il lui donne un grand baiser. Carlota le prend dans ses bras et elle lui dit :

— Je suis très contente de te voir, Omar.

— Moi aussi, Carlota.

— Comment te sens-tu maintenant que tu es ici encore une fois ?

— Alors, j'aime jouer au base-ball. Mais, je crois que ma famille est plus importante.

Toi aussi, tu es plus importante, mon amour.

Son frère, Marcos, aussi rentre à la maison, mais il ne veut pas rentrer. Marcos veut jouer aux États-Unis et être célèbre et riche. Mais, il y a un problème : sa mauvaise attitude. Personne ne veut ni jouer ni être avec Marcos. Un jour au camp, Rodrigo critique Marcos. Marcos est très fâché. Il frappe Rodrigo à la tête avec une balle. Rodrigo le met à la porte ce jour-là.

Quand Marcos rentre à la maison de ses parents, il a des problèmes avec eux. Il est toujours fâché, il a une mauvaise attitude et il ne veut pas travailler. Il travaille quelques mois dans l'usine de sucre où travaille son père. Mais, il a des problèmes avec les gens et avec le patron là-bas aussi. Un jour le patron lui dit :

— Tu es viré !

Après, Marcos décide qu'il n'a pas d'avenir

dans son petit village. Il part du village pour la capitale, Saint-Domingue. Il veut commencer une nouvelle vie.

Malheureusement, Omar perd contact avec Maurice. Omar sait que le dénicheur de Miami invite Maurice à jouer dans un autre camp. Le camp est dans la République dominicaine, mais c'est un camp plus professionnel et plus compétitif. Omar pense souvent à son ami, Maurice. Il veut savoir où il est et s'il joue au base-ball professionnellement.

Un an passe. Quand Omar arrive à la maison un jour, il voit une lettre. La lettre vient des États-Unis. Il ouvre la lettre et commence à la lire :

Salut Omar !

Je t'écris de Peoria, Illinois. Peoria est une ville au centre des États-Unis. Je joue avec une équipe professionnelle de la deuxième division. Maintenant ton rêve est mon rêve !

J'ai une nouvelle vie ici à Peoria. J'habite avec

une famille nord-américaine. J'ai des amis et une copine. I even speak a little English !

Je pense toujours à toi. Comment vas-tu ? Et ta famille ? Est-ce que tu joues au base-ball ?

Maintenant je suis content. Mais, je pense à ma famille et à la tragédie en Haïti tous les jours. À l'avenir, je veux ouvrir un camp de base-ball en Haïti. Aussi, je veux encore revenir à Petit-Goâve pour aider les gens de mon village. On souffre toujours beaucoup chez moi. Est-ce que tu veux m'aider ?

Merci beaucoup pour m'avoir défendu dans le camp. Tu es très important pour moi et un bon ami.

Écris-moi bientôt. Je veux savoir ce que tu fais maintenant. Dis bonjour à Carlota !

Amicalement,
Maurice

Omar est très content après avoir lu la lettre de son ami. Il veut voir Maurice. Après avoir lu la lettre, Omar sort de la maison. Il voit des enfants qui jouent au base-ball. Il pense à son frère. Il pense à Carlota. Il pense aussi à son ami, Maurice. Il commence à rire un peu et il va jouer avec les enfants dans la rue.

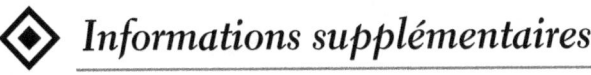

Informations supplémentaires

ACKNOWLEDGEMENTS

This book is dedicated to Maurice Bonhomme, Jean Cayemitte, and many others, who inspired New Trier High School's Haiti Project. This fund-raising effort helped to rebuild a primary school and also aided with overall earthquake relief in Petit Goâve, Haiti.

ABOUT THE AUTHORS

JJ Hill, Marissa Rubin, and Roberta Price have many years of combined experience teaching Spanish at the high school level. Colleagues from New Trier High School in Winnetka, Illinois, they are excited to share this novel with you.

www.ingramcontent.com/pod-product-compliance
Lightning Source LLC
Chambersburg PA
CBHW071408040426
42444CB00009B/2155